Las Ranas

NIVEL 1

Elizabeth Carney

NATIONAL GEOGRAPHIC

Washington, D.C.

Para mis padres, Marty y Cindy Carney, quienes soportaron mi colección de criaturas babosas. —E.C.

Publicado por National Geographic Partners, LLC, Washington, D.C. 20036.

Tapa, Digital Vision;1, Shutterstock; 2, Michael & Patricia Fogden/Minden Pictures; 4-5, Michael Durham/Minden Pictures; 6 (arriba), Roger Wilmshurst/Frank Lane Picture Agency; 6 (abajo), Pete Oxford/Minden Pictures; 7 (izquierda), Joe McDonald/Getty Images; 7 (derecha), Gallo Images/age fotostock; 8, Norbert Wu/Superstock; 9, Gerald Lopez/Associated Press; 10-11, Mark Moffett/Minden Pictures; 12, Visuals Unlimited; 13 (arriba), Pete Oxford/Nature Picture Library; 13 (abajo), Jupiterimages/Getty Images; 14, SmileStudio/Shutterstock; 14-15, Buddy Mays/Alamy Stock Photo; 16, Steve Winter/National Geographic Image Collection; 17, Mark Moffett/Minden Pictures; 18 (arriba), Michael & Patricia Fogden/Minden Pictures/Getty Images; 18 (abajo), Michael Lustbader/Science Source; 19 (arriba), Christian Ziegler/Danita Delimont Agency; 19 (abajo), Digital Vision; 20-21, Jupiter Images/Getty Images; 21 (arriba), Pete Oxford/Minden Pictures; 21 (abajo), Juniors Bildarchiv GmbH/Alamy; 22-23, Glow Images/Getty Images; 24, Christian Ziegler; 25, Robert Clay/Alamy Stock Photo; 26 (izquierda), Paula Gallon; 26 (derecha), Michael & Patricia Fogden/Minden Pictures; 27 (izquierda), Dr. Morley Read/Shutterstock; 27 (derecha), Carol Wien/Mira Images; 28, Don Farrall/Photodisc/Getty Images; 29, Dorling Kindersley/Getty Images; 30 (arriba), Geoff Brightling/Dorling Kindersley; 30 (izquierda), Michael & Patricia Fogden/Minden Pictures; 31 (arriba, ambos), Joel Sartore/National Geographic Photo Ark/National Geographic Image Collection; 31 (abajo), David A. Northcott/Corbis Documentary/Getty Images; 32 (arriba, izquierda), Gerald Lopez/Associated Press; 32 (arriba, derecha), Paula Gallon; 32 (abajo, izquierda), Gallo Images/age fotostock; 32 (abajo, derecha), Due Daly/Nature Picture Library

Libro en rústica ISBN: 978-1-4263-2593-9
Encuadernación de biblioteca reforzada ISBN: 978-1-4263-2594-6

Tabla de contenidos

¡Salpicón!

Rana corista
del Pacífico

| P | ¿Cómo se llama una rana en el Polo Norte? | Perdida. | R |

4

Salpico, chapoteo.

¿Qué es ese sonido?

¿Quién está saltando y
brincando por ahí?

¿Quién ama nadar?

¿Quién ama comer los insectos?

¡Es una rana!

¿Puedes saltar como una rana?

Las ranas viven en todo el mundo, excepto en la Antártida. Las ranas usualmente viven en lugares húmedos. A ellas les gustan los ríos, lagos y estanques.

Rana europea común

Rana marsupial andina

La Antártida es el continente que está ubicado en el Polo Sur.

Hábitat: Lugar natural donde viven las plantas y animales

Rana verde de ojos rojos

Rana toro

Pero algunas ranas viven en los árboles. Algunas incluso viven en los desiertos. Las ranas se pueden encontrar por todo el mundo. Dondequiera que ellas vivan, ése es su hábitat.

¡Croac!

¡Mira esta rana croando! Las gargantas de algunas ranas se expanden cuando emiten sonidos. Cada rana tiene su propio sonido.

Rana de lago

¡Croac!

Croar: Sonido ronco y profundo emitido por las ranas

Rana coquí

La rana coquí recibe tal nombre por el sonido que hace. ¡Suena "CO-KII!" Esta rana tiene el tamaño de una moneda mediana. Incluso las ranas pequeñas pueden emitir sonidos fuertes.

Las ranas emiten distintos sonidos por diferentes razones. Algunas veces es para advertir a otras ranas de posibles peligros. Otras veces es para llamar a las ranas que están cerca.

Rana bailarina

Esta rana vive en los
alrededores de las cascadas.
Otras ranas no podrían
oír sus llamados. ¡Es por
eso que ellas bailan! Ésta
levanta una pata y después
la otra. ¿Puedes bailar
como esta rana?

Comida para ranas

¿Cuál es la comida preferida de las ranas? Usualmente, son los insectos. Las ranas comen libélulas, grillos y otros insectos.

Rana verde

P ¿Qué sería peor que encontrar un gusano en tu manzana?

R ¡Encontrar medio gusano!

Rana cornuda del Amazonas

Algunas ranas comen animales más grandes como lombrices y ratones. La rana toro incluso come a otras ranas.

Rana toro

¿Qué es ese destello rosa? Es cómo una rana atrapa a los insectos. Ésta estira su larga y pegajosa lengua hacia los insectos que están al pasar. La rana jala el insecto hacia su boca.

¡Si tu lengua fuese tan larga como la de una rana, llegaría hasta tu ombligo!

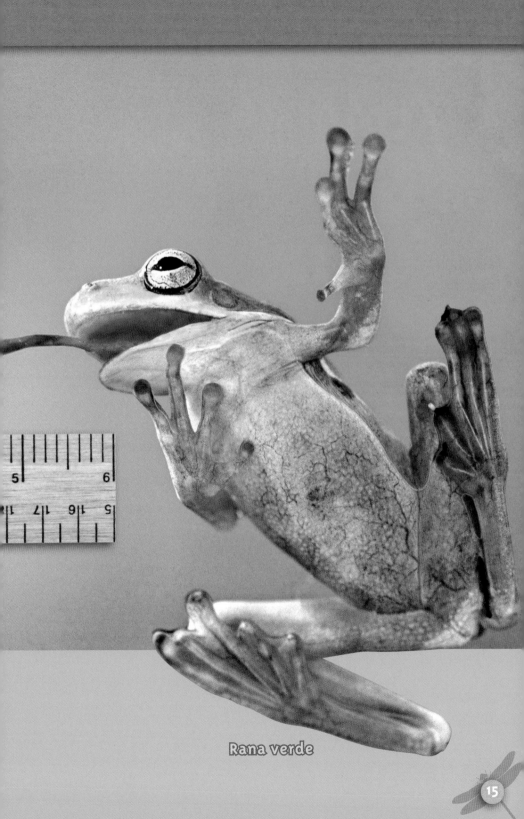

Rana verde

Todos los tamaños y colores

Las ranas pueden tener diferentes medidas.

Microrana

La rana más pequeña tiene el tamaño de una uña. La rana más grande tiene el tamaño de un conejo.

Rana Goliat

Rana lémur naranja

Las ranas pueden tener diferentes colores también.

Algunas son verdes o marrones.

Rana venenosa punta de flecha del Amazona

Otras tienen rayas o manchas.

Rana venenosa punta de flecha roja

Las ranas pueden ser rojas, amarillas o anaranjadas.

Rana venenosa punta de flecha azul

¡Ellas pueden ser de color azul brillante también!

¡Cuidado!

Estas coloridas ranas pueden verse lindas. ¡Pero, cuidado! Estas ranas tienen veneno en su piel. Sus colores brillantes advierten a los enemigos de no comerlas.

Rana venenosa punta de flecha

¡Croac!

Veneno: Sustancia que puede matar o herir a los seres vivos

Rana venenosa punta de flecha

Rana venenosa punta de flecha de bandas amarillas

Esta pequeña rana mide sólamente una pulgada de largo. Su nombre es Terribilis, que significa "la terrible". ¿De dónde viene su nombre? ¡Por ser la más terrible de todas! Una Terribilis tiene el suficiente veneno como para matar a 20.000 ratones.

P ¿Qué rana puede saltar más alto que un edificio?

R ¡Cualquier rana—los edificios no saltan!

Terribilis

Huevos de rana verde de ojos rojos

Ranas bebés

Todas las ranas, incluso la Terribilis, tienen madres. Las ranas mamás ponen los huevos. ¡Cuando los huevos están listos, los renacuajos salen!

Los renacuajos son ranas bebés.
Pero éstos no se parecen a las
ranas desde un principio. Los
renacuajos tienen colas. Éstos
viven únicamente en el agua.

Renacuajo de rana
corista del Pacífico

Branquias

Renacuajos

Los renacuajos crecen y se convierten en ranas.

1 Al principio, ellos respiran debajo del agua con sus branquias.

¡Croac!

Branquias: Partes laterales del cuerpo de un pez o de un renacuajo por las cuales éste respira

Renacuajos de rana verde de ojos rojos

2 Después, desarrollan pulmones para poder respirar el aire.

3 Desarrollan las piernas para poder saltar y nadar.

Renacuajo de rana mono

4 En tres meses, ellos pierden sus colas.

Rana toro

¡Es tiempo de salir del agua!

¡Los sapos también son ranas!

¿Cuál es la diferencia entre los sapos y las ranas?

RANA

Algunas ranas son venenosas.

Húmedas y suaves

Dientes en la mandíbula superior

Largas, poderosas y saltarinas piernas; la mayoría de las ranas tienen las patas traseras palmeadas.

Los huevos son puestos en grupos.

Los sapos son una clase de rana. Las ranas pasan la mayor parte de su vida cerca del agua. Los sapos pasan la mayor parte del tiempo en tierra seca. Sus cuerpos están hechos para los lugares donde viven.

SAPO

Los ojos no sobresalen de su cuerpo; una glándula venenosa está ubicada detrás de cada ojo.

Seca y desigual

Sin dientes

Los huevos son puestos en forma de cadenas largas (pero unos pocos sapos nacen vivos)

Patas más cortas (para poder caminar)

¡SUPER RANAS!

DOS IMPOSTORES ENFRENTADOS

¡UNA CARA IMPOSTORA SE BURLA DE SUS ENEMIGOS CUANDO ÉSTA RANA SE DA VUELTA!

¡¡DOS CABEZAS...

...PIENSAN MÁS QUE UNA!!

LA AMBICIOSA

¡ZUM ZUM ZUM!

¡ES UN PÁJARO, ES UN AVIÓN!

¡Es una rana deslizadora!

CUALQUIER RANA PUEDE SALTAR, PERO MÍRAME DESLIZAR.

LA GRITONA

¡LAS RANAS RUIDOSAS DEJAN A SUS ENEMIGOS ASOMBRADOS!

AAAAAA-II-EEEE!!!

SEÑOR INVISIBLE

Ahora lo ves. ¡Ahora no lo ves!

¡ÉL ES EL REY DEL ENGAÑO!

BRANQUIAS
Partes laterales del cuerpo
de un pez o de un renacuajo
por las cuales éste respira

CROAC
Sonido ronco y profundo
emitido por las ranas

HÁBITAT
Lugar natural donde viven
las plantas y animales

VENENO
Sustancia que puede matar
o herir a los seres vivos